ETHNOLOGIE ARABE

NOTES

SUR L'ORGANISATION DES TRIBUS ET L'ÉTYMOLOGIE DES NOMS PROPRES

PAR

ÉLIE TABET

ANCIEN INTERPRÈTE JUDICIAIRE PRÈS DU TRIBUNAL DE 1ʳᵉ INSTANCE,

SOUS-CHEF DE BUREAU À LA PRÉFECTURE D'ORAN

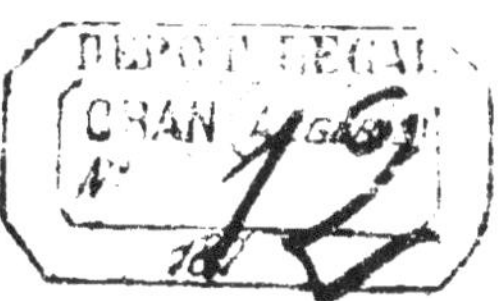

ORAN

IMPRIMERIE DE L'ASSOCIATION OUVRIÈRE

HEINTZ, CHAZEAU ET Cⁱᵉ

16, boulevard Malakoff, 16

1882

ETHNOLOGIE ARABE

NOTES

SUR L'ORGANISATION DES TRIBUS ET L'ÉTYMOLOGIE DES NOMS PROPRES

PAR

ÉLIE TABET

ANCIEN INTERPRÈTE JUDICIAIRE PRÈS DU TRIBUNAL DE 1ʳᵉ INSTANCE,

SOUS-CHEF DE BUREAU A LA PRÉFECTURE D'ORAN

ORAN

IMPRIMERIE DE L'ASSOCIATION OUVRIÈRE

HEINTZ, CHAZEAU ET Cⁱᵉ

16, boulevard Malakoff, 16

1882

A M. JACQUES

SÉNATEUR DU DÉPARTEMENT D'ORAN

Hommage respectueux.

ÉLIE TABET.

AVANT-PROPOS

La loi du 23 mars 1882 sur l'état civil des indigènes musulmans de l'Algérie, longtemps réclamée par l'opinion publique comme un moyen d'affermir l'autorité de la France dans ce pays, a fait naître en nous le désir de jeter un coup d'œil rétrospectif sur l'histoire du peuple arabe, et de rechercher quel était son état social au point de vue de l'organisation de ses tribus, dont la désagrégation se poursuit actuellement. Cette étude nous a amené aussi à examiner les lois étymologiques des noms arabes, qui vont être désormais soumis à une législation française.

Il nous a paru, en effet, qu'il n'était pas sans intérêt d'avoir quelques données sur l'existence d'un peuple que nous coudoyons, au contact duquel nous vivons, qui, comme tant d'autres, a eu sa civilisation, et qui, comme tant d'autres aussi, subit l'arrêt du destin : j'entends qu'il est en voie de disparaître comme nationalité du moins.

Poussé donc par le désir d'effectuer une petite

exploration littéraire dans l'histoire de ce peuple, nous avons consulté plusieurs auteurs, dont les principaux, que nous recommandons à l'attention particulière des arabisants, sont : Ez Zemakh-chari, El Maourdi et El Djouhri.

Nos investigations terminées, nous en avons groupé les résultats de façon à établir deux parties distinctes : la première ayant trait à l'organisation des tribus, et représentant celles-ci comme formant six degrés superposés, savoir : *le Châab, les Kabaïls, les Amaïrs, les Bouthoun, les Afkhadz et la Facila.*

L'ensemble de ces divisions est comparé, par les Arabes, à la structure du corps humain, et suivant leurs degrés hiérarchiques, elles correspondent à la tête, au cou, à la poitrine, au ventre, aux cuisses et aux jambes.

La tribu prend souvent le nom patronymique de son fondateur et ce nom s'énonce de différentes manières, tantôt sous la forme du pluriel, tantôt au moyen des préfixes de *banou* ou de *aoulad.* L'incorporation dans une tribu d'un indigène appartenant à une autre tribu l'oblige, dans les écrits publics, à conserver le qualificatif sous lequel il était désigné primitivement, et à y joindre celui qui lui est attribué par suite de son annexion.

Enfin, les divisions sus-énoncées ont un nom générique qui est *haï*, et suivant que l'on entend parler de la généralité des tribus ou seulement d'un seul membre de ces tribus, on dit haï min el Arab ou haï min beni foulan, c'est-à-dire un haï des Arabes ou un haï des beni un tel.

La seconde partie de notre travail est relative aux noms arabes, qui presque tous ont une signification précise, parce qu'ils tirent leur origine d'êtres ou de choses présents à l'esprit des indigènes, tels que: animaux, plantes, pierres, etc., etc.

Les fils portent souvent des noms de mépris tandis que les esclaves en ont de très nobles. Aux noms ont été ajoutés des surnoms et des sobriquets, de là des métonymies. Les noms se forment de noms d'action, de participes présents ou de participes passés, d'aoristes, de prétérits, d'adjectifs qualificatifs, de propositions verbales ou de propositions composées; ils se divisent en noms simples, composés et collectifs.

Toutes ces indications sont développées et suivies d'exemples, de façon que le lecteur puisse se rendre compte des lois imposées aux deux sujets de notre ouvrage. Celui-ci, croyons-nous, aura une utilité toute spéciale pour les fonctionnaires qui vont être chargés d'exécuter la loi du 23 mars. Il n'est pas indifférent, en effet, en transcrivant un nom, d'avoir des notions sur les règles qui le régissent, et l'orthographe n'en est que mieux fixée lorsqu'on possède cette connaissance : on écrira, en effet, Mohammad, si l'on sait que ce nom a été formé du participe passé du verbe hamida (louer, glorifier), tandis qu'on orthographiera ce mot ainsi : Mahomet ou Mehemet ou autrement, si l'on ignore d'où il dérive ; il en est de même du nom Ahmad qui est un comparatif et qui s'écrit, souvent, par ignorance, Hamed, participe présent, et Hamet.

Lorqu'en 1866, le Gouvernement a reconnu la nécessité d'un travail qui permettrait de transcrire uniformément les noms indigènes, dont l'orthographe arbitraire avait occasionné de graves inconvénients, il a institué une Commission dans chacune des trois provinces algériennes, laquelle a fixé la transcription en français des noms de personnes et de lieux. Cette transcription a servi ensuite à former le vocabùlaire de MM. de Slane et Gabeau, interprètes militaires ; mais ce travail n'est qu'une ébauche et ne contient pas tous les noms.

Nous pensons que si l'on veut que l'exécution de la loi sur l'état civil des indigènes algériens soit faite dans de bonnes conditions, il convient

de désigner des Commissions dans les trois provinces, composées de personnes compétentes en
pareille matière, afin de revoir les noms recueillis
et transcrits par les Commissaires désignés à
cet effet, noms dont les formes phonétiques
seraient fixées d'après les usages locaux. En
Kabylie et chez les autres peuples de races berbères, le nom masculin est précédé d'une voyelle,
c'est ainsi que les noms qu'ils ont empruntés
aux Arabes ont une voyelle initiale, exemples :
abachir, acherifa, amhammed.

Nous avons donné à ce travail le titre de « *Notes
sur l'organisation des tribus et sur les noms
propres* » pour montrer à nos lecteurs que nous
n'avons pas la prétention d'avoir composé une
œuvre littéraire, mais que nous avons seulement
glané après les éminents orientalistes, et que
nous comptons sur leur bienveillante indulgence
pour ce modeste opuscule. La tâche nous a
été falicitée par Si Ali ben Abd Er Rahmann,
muphti d'Oran, dont l'éruditon en littérature et
en jurisprudence égale le libéralisme. Nous lui
adressons ici l'expression de notre profonde
gratitude pour l'empressement avec lequel il a
mis à notre disposition les matériaux nécessaires.
Il agit, du reste, en galant homme avec tous les
arabisants qui ont recours à sa haute science.

Nous devons également et pour les mêmes motifs un hommage de reconnaissance à M. Bloch, le savant Grand Rabbin d'Oran, qu'un avancement mérité vient d'appeler au siège d'Alger et qui a bien voulu nous prêter le concours de ses lumières. Qu'il veuille bien recevoir ici l'expression de nos remerciements les mieux sentis.

Oran, août 1882.

PREMIÈRE PARTIE

TRIBUS

Nous avons puisé les éléments qui nous ont servi à composer ce modeste travail dans les auteurs les plus renommés, notamment dans El Maourdi, Ez Zemakhchari et El Djouhri.

Voici comment ces savants définissent la science de la généalogie :

ان فايدة معرفــة الانساب و القبائل هي التعارف بين الناس حتى لايعتزى احد الى غير ابائه والاينتسب الى سوى اجداده وعليه ترتبت احكام المواريـث والكفاءة بــي النكاح وغير ذلك

La connaissance de la généalogie et de l'origine des tribus présente l'avantage de permettre aux gens de se reconnaître entre eux et d'empêcher que personne ne rapporte sa lignée à d'autres qu'à ses véritables ancêtres ; c'est aussi d'après cette science qu'ont été réglés les droits successoraux, l'égalité de condition dans le mariage, etc.

Les Arabes ont rangé les tribus en six degrés différents, suivant leur plus ou moins grande importance,
savoir :

Premièrement : الشعب (ech-châab)

C'est le degré le plus éloigné dans la ligne ascendante,
exemple : عدنان (âdnane). Ce nom désigne le père des
tribus arabes, qui est compté parmi les aïeux du prophète Mohammad.

C'est à dessein que nous orthographions Mohammad
de cette façon, et que nous ne le transcrivons pas comme
on le voit habituellement : Mahomet et Mohamed. On
en verra la raison dans la seconde partie de ce travail,
celle relative à l'étymologie des noms arabes.

Le pluriel de شَعْبٌ (châab) est شُعُوبٌ (chouôûb) ; ce
mot vient de la racine شَعَبَ (châaba), qui signifie
séparer, disjoindre.

Ce degré est ainsi appelé parce que c'est de là que les
tribus se sont séparées en branches comme nous
allons l'expliquer.

Deuxièmement : القبيلة (el kabila)

C'est la subdivision de شعب (châab), exemple :
ربيعة (rabéia) et مُضَر (moudhar), noms de deux ancêtres
qui ont fondé deux kabaïl auxquels ils ont donné leurs
noms ; le mot vient de la racine قبل qui fait à la troisième forme قابل, être placé en face, faire vis-à-vis,
être à côté et en regard.

Les tribus de ce degré sont ainsi appelées parce

qu'elles sont, pour ainsi dire, juxtaposées, comme les branches qui sortent d'un même tronc.

Le pluriel de قبيلة (kabila) est قبائل (kabaïl.)

Certains auteurs prétendent que les قبائل (kabaïl) se nomment aussi جَماجم (djamadjime), et que l'on dit جماجم من العرب (djmadjim min el arabe), des tribus arabes.

C'est du mot kabila qu'on a fait celui de kabyle, appliqué en Afrique aux peuplades berbères.

Troisièmement : اَلْعِمَارَةُ (El eimara)

C'est la subdivision de la قبيلة (kabila), exemple: قريش (koréiche) et كنانة (quenana), nom de deux ancêtres qui ont fondé cette subdivision. Ce mot vient de la racine عَمَرَ (amara), cultiver, habiter, peupler un pays ; le pluriel de عِمَارَةُ (eimara) est عِمَارَاتُ (eimarat) et عَمَائِر (amaïr). Ce mot signifie aussi prospérer, ainsi on dit : العدل اساس العمران (el adl assass el omrane), la justice est la base de la prospérité d'un pays.

Quatrièmement : اَلْبُطْنُ (el bathn)

C'est la subdivision de عِمَارَةُ (eimara), exemple : بنى عبد مُنَاف (bani abd mounaf) et بنى مخزوم (bani makhzoum). Les deux subdivisions issues des précédentes, koréiche et quenana, portaient ces noms. Ce mot vient de la racine بَطَنَ (bathana), entrer, pénétrer dans l'intérieur ; le pluriel de بَطْنُ (bathn) est بُطُونُ (bouthoun) et أَبْطُنُ (abthoun.)

En Algérie, on a donné à ce mot le synonyme de كرش (krche), qui signifie également estomac. — On dit : الفت ذا بطنا ce qui se trouve dans le ventre. — elle mit bas, ou elle mit au monde, ou elle pondit un œuf. — اخذ بطنه il ressentit le besoin naturel. — صاحت عصابير بطنه les petits oiseaux de son ventre crient, pour dire il a faim.

Cinquièmement : آلْفَخْذُ (el fakhdz)

C'est la subdivision du بطن exemple : بنى هاشم (bani hachem) et بنى امية (beni amia), même explication que ci-dessus sur l'origine de ces subdivisions. Ce mot vient de la racine فخذ (fakhadza), toucher, atteindre, blesser quelqu'un à la cuisse ; le pluriel de فَخْذُ (fakhz) est أَفْخَاذُ (afkhadz).

On verra plus loin pourquoi le nom de fakhdz a été donné à cette portion de tribu.

Sixièmement : آلْفَصِيلَةُ (el facila)

C'est la subdivision de فَخْذُ (fakhdz), exemple : بنى العبّاس (bani el abbas) et بنى عبد المطلب (bani abd el mouthleb), même explication que ci-dessus sur l'origine ; ce mot vient de la racine فَصَل (façala), séparer, disjoindre, détacher une chose de l'autre.

El facila est la famille, au delà de laquelle il n'y a plus que l'homme seul.

Nous croyons être agréable à nos lecteurs en leur montrant ci-après, graphiquement, l'organisation des tribus telle que nous venons de la décrire.

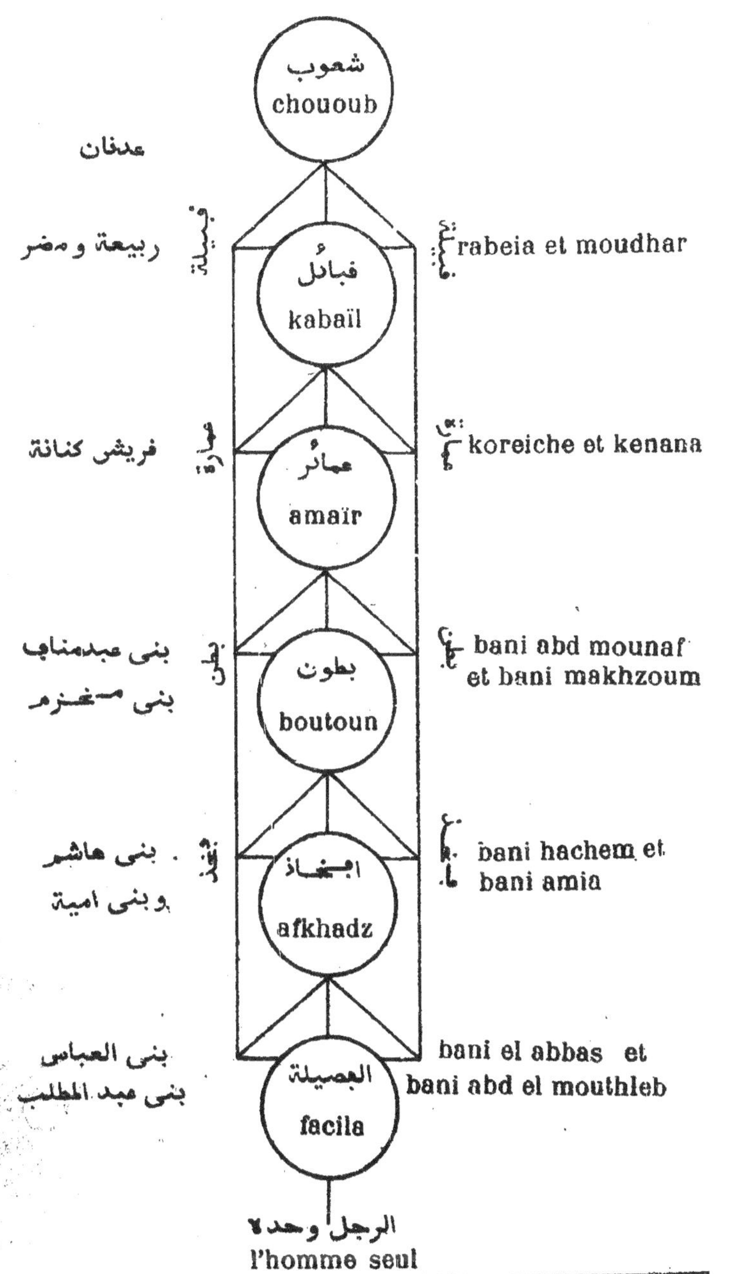

شعوب
chououb
عدنان
ربيعة ومضر
قبيلة‌
rabeia et moudhar
فبائل
kabaïl
فريش كنانة
عمارة
koreiche et kenana
عمائر
amaïr
بنى عبدمناف
بنى مـغـزم
بطن
bani abd mounaf
et bani makhzoum
بطون
boutoun
بنى هاشم
وبنى امية
فخذ
bani hachem et
bani amia
اجـفـاذ
afkhadz
بنى العباس
بنى عبد المطلب
العصيلة
bani el abbas et
bani abd el mouthleb
العصيلة
facila
الرجل وحدﻪ
l'homme seul

Il ressort, de ce qui précède, que le châab est la souche des kabaïls, la kabila celle des amaïr, la eimara celle des bouthoun, le bethn celle des afkhadz.

Les tribus s'élèvent en rang les unes sur les autres moyennant deux conditions : l'ancienneté dans l'ascendance et une descendance nombreuse.

A mesure que les générations s'éloignent, les tribus prennent un rang immédiatement supérieur : ainsi les kabaïl deviennent chououb, les amaïr kabaïl, les bouthoun amaïr, les afkhadhz bouthoun, et les façaïl afkhadz.

On voit parce qui précède que l'appellation de دوار (douar) n'est pas reconnue par les écrivains arabes et qu'elle doit être toute moderne. Toutefois le mot existe dans la langue, et sa signification se rapproche assez de celle qu'on lui donne actuellement.

Ainsi, par douar on entend désigner, en Europe, une fraction de tribu, une agrégation, en un mot, un groupe de tentes, tandis que d'après l'étymologie arabe il est, avec un ١ (alif) au commencement, le pluriel de دار (dar), c'est-à-dire habitation, lieu habité où il y a plusieurs maisons ou tentes, demeure, séjour. — دار السلام demeure de la sécurité, paradis et épithète de Bagdad, et pays musulman (opposé à دار الحرب et à دار الجهاد demeure de la guerre. — دار البوار séjour de la perdition c'est-à-dire enfer. — دار الادب maison de correction. — دار الطعام magasin de vivres; grenier. — دار الملك capitale.

-- دار الضرب monnaie, hôtel de la monnaie. — لــــدار --
Médine. — الدّاران les deux demeures, c'est-à-dire le
monde d'ici bas et la vie future.

Du mot أدوار on a fait en Espagne celui de *aduar*
par lequel on désigne des habitations de Bohé-
miens.

Généralement tous les individus d'une tribu sont les
descendants d'un auteur commun, et il est assez rare
qu'il n'en soit pas ainsi ; cet auteur commun est le père
de nombreux bouthoun.

L'individu qui appartient à une tribu du dernier degré
peut se rattacher *ad libitum* à une dénomination de
n'importe quel degré supérieur, les deux premiers
exceptés, exemple : un individu de Bani el Abbas ou de
Bani Hachem (voir le dessin qui précède) peut s'attri-
buer indistinctement à Koreiche, à Kenana, à Bani abd
Mounaf, etc., etc.

Le plus souvent la tribu prend le nom du père dont
elle descend ou bien le nom patronymique de la mère
dont elle est issue ; quelquefois, elle se désigne par une
dénomination spéciale ou par un surnom attribué à la
suite d'un évènement quelconque.

Ces diverses appellations peuvent se ramener à six
catégories :

Première catégorie.— Les noms patronymiques. C'est
le nom de l'auteur commun qui devient le nom de la
tribu, exemple : عـاد (âad) et ثمود (tsamoud). Ces deux

individus ayant fondé deux tribus, celles-ci ont conservé leurs noms.

Deuxième catégorie. — لفظ البنوة (lafdh el bounoua), expression de banou, exemple : بنو فلان (banou foulan).

Cette expression est surtout usitée dans les بطون (bouthoun), les الجخاذ (afkhadz) et les petites قبائل (kabaïls); son usage n'est devenu fréquent que depuis les temps modernes.

Troisième catégorie. — لفظ الجمع مع الألف واللام (lafdh el djamâ maâ el halif oul lam), le pluriel avec l'article, exemples : الأدارسة (el adarissa), tribu marocaine. — المكاحلية (el mekahlya.) — البراهمية (el berachmya). — السواحليه (essouahlya).

Quatrième catégorie. — بال فلان (al foulan), expression elliptique mise pour اهل (ahel), gens ; ال بالحضرى (al bel hadhri) ; ال فاضى (al cadi).

L'usage de cette expression est devenu plus fréquent depuis ces derniers temps.

Cinquième catégorie. — باولاد فلان (aoulad foulan).

Il convient de donner ici l'explication de la différence qui existe entres les mots بن (ben) et ولد (ould).

Le premier s'écrit ابن (ebn), pluriel بنون (banoun) et signifie fils ; بنوامية enfants d'Ommaïa, Ommiades ; بنوعباس enfants d'Abbas, Abbassides. Entre deux noms propres le mot ابن (ebn) perd son ا (alif), exemple : احمد بن حسن (Ahmed ben Hassan).

Dans le langage usuel, où les désinences sont négligées, on prononce ben. L'alif de ebn est d'ailleurs l'une des lettres qui sont marquées d'un ouesla (~). — ابن ابيه frère consanguin, ابن امه frère utérin.

Le mot ابن joint à d'autres noms forme un grand nombre de métonymies et de métaphores. Dans ce cas le pluriel rompu ابناء (ebna) est plus commun que بـنو (banou), quoique ce dernier se rencontre également, exemples : ابـن الارض (ebn elardh), fils de la terre, voyageur, étranger ; ابـن الانـس (ebn el anss), fils de la familiarité, ami intime ; ابـن البريح (ebn elbarih), fils de l'affliction, malheur ; ابن الحرب (ebn el harb), fils de la guerre, homme brave, vaillant ; ابن خـلـوة (ebn khaloua), fils de la solitude, innocent ; ابـن الدهالـيـز (ebn ed dehalez), fils des souterrains, enfant trouvé ; ابن السحاب (ebn essouhab), fils des nuages, pluie; ابن عجزة (ebn edjza), fils de la débilité, fils né le dernier ; ابن الليالى (ebn el liali), fils des nuits, lune; بنو الغبرة (banou el ghabra), fils de la poussière, pauvres ; بـنو الموت (banou el maout), fils de la mort, hommes courageux ; بـنـو المدينة (banou el madina), fils de la cité, citadins, citoyens ; الـدنـيـا et بنو الايام (banou el el aïam, eddounia), fils des jours, fils de ce monde, hommes mortels.

Le féminin de بـن (ben) est بنت (bent), fille. Ce mot, joint à d'autres, forme également des métonymies, exemples : بنت الارض (bent el ardh), fille de la terre, caillou ; بنـت ثمانين (bent tsmanin), fille de quatre-vingts, vin vieux ; بنت الجبل (bent el djabal), fille de la montagne, écho, malheur ; بنت الشفة (bent echefa), fille de la lèvre, parole, langage ; بنت العنب (bent el aneb), fille du raisin, et بنت الكرم (bent el kerm), fille de la vigne, vin : بنت العين (bent el aïn), fille de l'œil, prunelle, larme ; بنت الكناين (bent el kenaïn), fille du carquois, flèche ; بنت الفكر (bent el faqr), fille de la pensée, poésies, vers ; بنات البطون (benat el bouthoun), filles des ventres, intestins ; بنات التنانير (benat el tenanir), filles du four, pain, ; بنات الصدر (benat es sedr), filles de la poitrine, soucis.

Le mot ولد (ould), pluriel وُلَد (oualad), وُلْد (ouldoun), وِلْدة (ouildatoun), والدة (oualida) et اولاد (aoulad), signifie enfants, petits, (d'homme ou d'animal) ; ولد البلاد (ould el balad), enfant du pays, indigène, habitant, opposé à غريب étranger et à اجنبي étranger.

Sixième catégorie. — Le mot ذوى, exemples : ذوى ثابت (dzoui Tabet) ; ذوى منية (dzoui Menia) ; ذوى عيسى (dzoui Aïssa).

Le mot ذوى (dzoui) est le pluriel de ذو (dzou), maître, possesseur, qui possède, qui est doué de, qui contient, synonymes رب et صاحب. — ذو ثلاثة (dzou tslatsa) trilitère (verbe) ; ذو الاربعة (dzou el arbaa) quadrilitère (verbe) ; ذو رحم (dzou rahme), parent. — هذا ذو زيد (hadza dzou zeid), c'est un homme portant le nom de Zeid ; ذو العقل (dzou el akl), doué d'intelligence. Ce mot s'emploie aussi dans le sens de contenu ou qui appartient à. — اسفى ذا اناك (aski dza anaïka), donne-moi à boire ce que ton vase contient ; اسفى ذا صبوح (aski dza soubouh), donne-moi à boire le coup du matin.

On l'emploie encore de la manière suivante : لا افعل ذلك بذى تسلم, je ne ferai pas cela par ton salut. — اذهب بذى تسلم, va en paix. Enfin, quelquefois il équivaut à الذى, exemple : اتانى ذوفال, il est venu chez moi celui qui a dit, etc.

Le pluriel de ذو est aussi أذواء. Tous les noms des rois himyarites de l'Yemen commencent par le mot ذو, exemple : ذويزن, etc.

Le féminin de ذو est ذات (dzat), maîtresse, qui possède, qui est douée ou pourvue de, qui contient, qui tient, qui occupe. — ذات الجنب (dzat el djenb), maîtresse du côté, pleurésie. -- ذات ايلة (dzat éila), serpent monstrueux, fabuleux, qui attaquait les hommes. — ذات البين (dzat el baïn), communauté de....,. harmonie. — ذات الصدور (dzat essoudour), ce qui occupe les cœurs, c'est-à-dire les pensées, les sentiments intimes. — ذات الكرسى (dzat el koursi), qui occupe la chaise, Cassiopée, constellation. — ذات مال (dzat mal), opulence. — ذات اليد (dzat el yed), puissance, pouvoir ; et avoir, fortune, richesse. — ذات اليمين (dzat el imine), à droite. — ذات الشمال (dzat ech chemal), à gauche. — ذات يوم (dzat ioum), un jour. — ذات مرة (dzat marra), une fois.— ذات العويم (dzat el ouaïm), dans telle et telle année. — ذات ليلة (dzat lila), une nuit.— ذات (dzat) être,

essence de Dieu : الذات (edzat), Dieu, l'essence absolue.
— واحد الذات, un dans son essence. — في ذاته, en soi,
dans l'essence même de la chose, personne, individu.
— بذاته, en personne, de sa propre personne (synonyme
بنعسه); on dit من نعس ذاته (min nafs dzatihi), de son
propre mouvement, spontanément.

L'expression اولاد (aoulad) n'est usitée que chez les
dernières tribus.

Lorsque dans une tribu et dans une même ligne de
parenté le même nom est porté par un ascendant et un
descendant, le premier est désigné par الأكبر (el akbar),
l'aîné, le plus grand et le second par الأصغر (el asghar),
le plus petit, le moins âgé. Si on supprime l'article à
ce mot, il devient un comparatif, exemple : الله اكبر
(allah ou akbar), Dieu est grand. Ces mots sont employés lorsqu'on veut exprimer son étonnement à la
vue d'un miracle, ou sa résignation aux arrêts immua-
bles de Dieu, ou encore comme complément nécessaire
de la prière.

Dans le syllogisme ils expriment la majeure.

On se sert de même du superlatif اسم التعصيل
lorsque dans une famille deux frères, dont l'un est plus
âgé que l'autre, portent le même nom.

Il arrive que des arabes d'une tribu sont affiliés à une
autre tribu soit comme alliés ou confédérés, soit comme
esclaves ; dans ce cas on désigne les survenants de la
manière suivante :

فلان حليف بنى فلان (foulan halif bani foulan), un tel, allié ou confédéré des bani un tel, ou bien فلان مولى بني فلان (foulan moula bani foulan), un tel, esclave des bani un tel.

Si un arabe passe d'une tribu à une autre, il peut, à son gré, se rattacher soit à la première soit à la seconde, ou à toutes les deux ensemble, exemple : الوائلي ثـم التميمي (el ouaïli tsouma et tamimi). Pour bien préciser on écrit الوائلي اصلا التميمي حليفها (el ouaïli aslane ettamimi halifan) : originaire des beni ouaïl, confédéré des oulad temim.

Dans les actes arabes on rencontre souvent des indications sur le domicile de l'une des parties ainsi conçues :

الوهـران اني اصلا (el ouahrani aslane) ou منشاء (manchaane), Oranais de naissance, de domicile; المعسكري دارا (el maaskri darane), Mascaréen de maison.

Les arabes ont comparé l'ensemble des divisions que nous avons décrites ci-dessus à la structure du corps humain; ainsi ils ont assimilé les شعوب (choub) à la tête, les قبائل (kabaïl) aux anfractuosités qui existent à la tête, la عمارة (eimara) au cou et à la poitrine, le بطن (bathn) au ventre, le فخذ (fakhdz) à la cuisse et la فصيلة (facila) à la jambe et aux pieds.

Toutefois il y a lieu de remarquer que parmi les six noms donnés aux divisions dont nous nous occupons, les plus usitées sont ceux de فبيلة (kabila) et de بــطــن (bathn), et les moins employés sont : العمارة (el eimara), البــ—خذ (el fakhdz) et العصيلة (el fassila).

On désigne encore chacune de ces six divisions par le mot حــى (haï), vivant, vif, soit pour indiquer d'une façon générale les membres d'une division, soit pour désigner un de ses habitants, exemple :

1ᵉʳ cas : حــى مــن العرب (haï min el arab), des tribus arabes.

2ᵉ cas : حى من بــنــى فــلان (haï min bani foulan), des individus des beni-foulan.

C'est surtout dans les temps modernes et dans la partie médiane du مغرب (moghreb), c'est-à-dire notre contrée, que les deux noms de division ci-dessus mentionnés sont usités. Cependant on y entend désigner des tribus par les mots بــنــى (bani) et اولاد (aoulad), exemple :

اولاد اجرير (aoulad edjrir),

اولاد المـــســـعـــود (aoulad el Messaoud),

اولاد اخـــلـــوف (aoulad Ekhlouf),

اولاد ابـــراهـــيـــم (aoulad Brahim),

بــنــوا عــامــر (banou Amer),

بــنــوا بنوسعــيــد (banou bou Saïd).

Le plus grand nombre se sert de l'expression نــجــع (nedjâa) pour désigner une collectivité de فبائل (kabaïl). Il semble que ce mot a été substitué à celui شــعــب (châab). Ainsi on dit نجع بنى عامر (nedja bani amar, etc.;

ce nedjaa comprend de nombreuses فـبـائـل (kabaïl),
et lorsqu'on veut préciser on dit :

ا ولاد سليمان مـن بنـى عامـر (aoulad sliman min
bani amer),

الحـجـز من بنى عامر (el hadjez min bani amer),

اولاد ابـراهـيـم مـن بنسي عـامـر (aoulad brahim min
bani amar),

اولاد الزائـرمن بني عامر (aoulad ezzaïr min bani amer),

اولاد خالبة من بني عامر (oulad khalifa min bani amer),

اولاد الـمـيـمـون مـن بنـي عامر (oulad el mimoun min
bani amer).

Il en est ainsi des Hachems, des Bordjiea, des Medja-
her et de la Yaagoubia, et c'est là un fait qui vient à
l'appui de l'opinion que nous avons émise touchant le
remplacement du mot شـعـب (châab) par celui de
نـجـع (ndjâa).

DEUXIÈME PARTIE

ÉTYMOLOGIE DES NOMS PROPRES

—

Le nom complet se compose de cinq éléments,
savoir :

1° La désignation honorifique ;

2° Le prénom de l'individu ;

3° Le prénom du père ;

4° La désignation patronymique ou de famille ;

5° L'indication du lieu de naissance.

Ces cinq éléments du nom arabe sont exprimés
d'une façon ingénieuse et frappante dans l'anecdote
suivante que nous extrayons de la Chrestomathie arabe
de M. Silvestre de Sacy, tome I, page 329 :

« Abou-el-Faradj-Moâfi-Nahreouâni, fils de Zakaria,
» dit : Je fis une une année le pèlerinage de La Mecque ;
» et, comme j'étais à Mina, l'un des trois derniers jours
» qui suivent l'immolation des victimes, j'entendis un
» homme qui appelait à haute voix Abou-el-Faradj.
» Je pensai d'abord que c'était moi qu'il appelait ; puis
» faisant réflexion que le prénom d'Abou-el-Faradj
» est très commun, je ne répondis pas : voyant que

» personne ne lui répondait, il cria : Abou-el-Faradj-
» Moâfi. J'allais lui répondre, mais je me dis à moi-
» même : il peut se rencontrer que plusieurs personnes
» portent le nom de Moâfi et le prénom d'Abou-el-
» Faradj. Je gardai encore le silence. Alors il cria :
» Abou-el-Faradj-Moâfi-Nahreouâni, fils de Zakaria.
» Pour cette fois, me dis-je, il n'y a pas de doute que
» c'est moi qu'il appelle, puisqu'il dit mon prénom,
» mon nom, celui de mon pays et celui de mon père.
» Je dis donc : me voici, que veux-tu ? Peut-être, me
» dit-il, êtes-vous de Nahreouan de l'Irak : la personne
» que j'appelle est de Nahreouan en Afrique. Je fus fort
» surpris que deux personnes eussent le même nom,
» le même prénom, fussent nées dans deux villes
» homonymes et eussent deux pères du même nom. »

La principale désignation honorifique est celle de
حاج (hadj), pèlerin, qui témoigne qu'on a accompli le
pèlerinage de la Mecque, elle précède toujours le nom.

La qualification honorifique de سيدي (sidi) vient
après, mais elle ne s'applique qu'aux personnes consi-
dérables et aux marabouts. Dans les noms de tribus
elle est exclusivement réservée à ces derniers. Aussi
lorsque le nom propre est précédé de cette qualification, on est certain que c'est une tribu de marabouts.

Il y a trois degrés hiérarchiques dans les tribus :

    Bani (tribu roturière),

    Oulad (noblesse laïque),

    Oulad Sidi (noblesse religieuse).

Le diminutif سي (si) correspond exactement à notre
mot *sieur* et remplit le même objet.

Les Tunisiens se servent habituellement du mot عرفى (arfi) pour سيدى (sidi), composé de arf (savoir) et de l'affixe *i*.

Dans l'empire du Maroc la désignation en vogue est مولاى (moulaï), composé de moula (maître) et de l'affixe *i*.

On rencontre fréquemment des noms de localités commençant par le mot لالة (lalla), un des principaux en Algérie est لالة مغنية (Lalla Maghnia).

Lalla est la qualification honorifique féminine correspondant à celle de sidi en arabe et équivalente à notre mot de dame, madame, ; mais ce qui est un terme de politesse chez nous blesserait le sévère préjugé musulman à l'endroit des femmes. Ainsi Lallati n'est admis qu'à l'égard de la femme qu'on aime ou qu'on possède, on le trouve en effet dans le refrain populaire suivant :

يـــا لالاتـــى بـــا بـــدرى
يـــا شريكتـــى فـي عــمــرى

O madame, o mon astre,
O mon associée dans la vie.

La plupart des noms arabes sont empruntés à des êtres ou objets présents à leur esprit, et avec lesquels ils ont des rapports directs ou de voisinage, soit un animal comme اسد, lion, نمـر (nemr), tigre, حـيـة (haïa), serpent, ou une plante comme حنظلة (handhala), coloquinte, خشخاش (kesckhasch), pavot, ou des objets du règne minéral, comme فِهْر (fihr), pierre, صَخْر (sakhr), rocher, etc.

Dans le monde chrétien, la plupart des noms de baptême sont empruntés aux annales de l'Eglise. Chez les musulmans aussi ils ont en général un caractère religieux.

En voici les principales catégories :

1° Les noms des prophètes ;

2° Les noms des compagnons du prophète ;

3° Les noms correspondant aux attributs de la divinité;

4° Les noms rappelant des idées religieuses.

En général بَا (ba) est plus usité dans le Sahara et بُو (bou) dans le Tell, بَااحَمَد (Ba-Ahmed), c'est surtout dans le Mzab qu'on rencontre fréquemment des noms précédés de ce préfixe.

Aux yeux des musulmans Dieu a des attributs distincts qui forment comme les rayons de sa splendeur.

Chacune de ces perfections a droit séparément à l'adoration des hommes, qui ont transporté dans leurs noms le témoignage de cette dévotion spéciale.

C'est la source de la série qui suit :

Commémoration de salut,	سالم
Id. de la foi,	محى الدين
Glorification de Dieu,	احمد
Commémoration de Dieu.	سعد الله
	(bonheur de Dieu).

Il y en a qui rentrent dans l'ordre des idées séculières et sont relatifs à tous les intérêts et à toutes les qualités terrestres de l'homme, naissance, fortune, beauté, bonté, puissance, affection.

Naissance	سعد	bonheur,
Id.	مسعود	heureux,
Fortune	مالك	possesseur,
Beauté	زهر	(zahr),
Id.	خسن	(Hassan),
Bonté	الطيب	(Thaïeb),
Puissance	فدور	(Kaddour).

Il y en a d'autres qui sont empruntés à des particularités physiques :

الاخضر	(Lakhdar), le vert,
الابيض	(El Abiod), le blanc,
الاكحل	(Lakhal), le noir,
الاشقر	(Lachkar), le roux.

On a remarqué que la plupart des Arabes des temps anciens faisaient porter à leurs fils des noms impliquant des idées désagréables, tels que كلب (kelb), chien ; حنظلة (handhala), coloquinte ; ضرار (dhirar), nuisible ; حرب (harb), guerre, combats ; ذياب (chacals), tandis qu'ils donnaient au contraire les noms les plus doux à leurs serviteurs, exemples : فلاح (falah), salut, délivrance, bonheur, félicité [1]; نجاح (nadjah), succès, réussite.

La raison de cette bizarrerie est qu'ils croyaient terrifier leurs ennemis, que leurs fils étaient destinés à combattre, par les noms menaçants dont ils avaient pour ainsi dire armé ces derniers. Comme leurs esclaves au contraire étaient réservés à leur service personnel, ils faisaient en sorte de n'entendre prononcer dans leur entourage immédiat que des noms qui étaient des bénédictions.

Les noms de personnes chez les Berbères sont empruntés à la langue arabe; rien d'étonnant, ils se sont convertis à l'islamisme et le changement de nom est une des conditions principales de la conversion.

Les noms berbères énoncent un fait, les noms arabes expriment une image; le Berbère voit presque toujours les objets sous leur aspect réel, et l'Arabe sous leur aspect poétique.

Pour le Kabyle une montagne est une montagne. Si elle est couverte de chênes, c'est la montagne des chênes. Pour l'Arabe, c'est suivant la forme ou la couleur : شارب الريح, la lèvre du vent, الخد الاحمر, la joue rouge.

____

(1) Les Mueddins en annonçant l'heure de la prière du haut des minarets crient حى على الصلاح (hała 'âla el fâlah), arrivez au salut.

L'Arabe poétise même les défauts de son pays ; ainsi il appliquera le nom de قصر العطــش (kasr el atheche), palais de la soif, à des ruines sur un lieu aride.

Les dénominations sont presque toujours métaphoriques ; quelquefois c'est la possession ou actuelle ou originelle ; tantôt c'est une circonstance passagère, accidentelle ou au moins variable ; tantôt c'est une circonstance physique, immuable, absolue ou relative ; tantôt c'est une qualité, une infirmité ou un défaut, comme les bons, les guerriers, les galeux, les gens à dîme ; tantôt c'est une industrie ou une profession : les forgerons, les fabricants de savon.

L'Arabe, surtout l'Arabe du sud, livré aux inspirations de sa nature contemplative et rêveuse, voit les objets à travers un mirage qui leur prête une forme fantastique et reproduit dans son langage les effets de cette transfiguration.

Parmi les noms que portent les indigènes, il faut mettre à part celui que chacun d'eux reçoit le septième jour de sa naissance et que lui donnent ses père et mère, c'es' proprement le nom de baptême, c'est le seul et vrai nom. Tantôt il exprime une qualification honorifique comme مصطبي (Mustapha), élu, choisi comme le meilleur ; de là المصطبي, l'élu, c'est-à-dire Mohammad, synonymes : المجتبى (moudjtaba) et مـــختار (mokhtar), choisi, ou جــضـل (fadhl), supériorité, mérite, bienfait, faveur, grâce ; بــجــضـل الله, par la grâce de Dieu.

Tantôt il implique une idée de mépris comme كلب
(kelb), chien ; ذياب (dziab), chacal. Souvent ce nom est
précédé du préfixe اب (ab), comme ابوالقاسم (aboulkas-
sem) ou de ابن (ebn), comme ابن عبدالله (ebn abd Allah);
ابن العالية (ebn el alia); ابن عايشة (ebn Aïcha). Ce nom
se dit en arabe علم الشخص (almou ech chakhss),
nom de personne.

Si après ce nom il s'en ajoute d'autres, ceux-ci sont
alors des surnoms qui peuvent également avoir un
sens élogieux ou méprisant comme زين العابدين
(zin el abidin), ornement des adorateurs; زين
الملاح (zin el milah), ornement des beaux,
c'est-à-dire beau entre les beaux (épithète de Mohammad); تاج الدين (tadj el din), couronne de la
religion; شمس الدين (chems ed din), soleil de la religion; عضد الدين (adad el din), au figuré, appui, soutien,
aide de la religion; فجبة (kfa), coufin; بطة (batha),
bouteille en cuir; انف الناقة (anf ennaka), nez de
chamelle.

Si le surnom est précédé des préfixes ابو (abou) ou
ابن (ebn) ou ام (oum), ils forment un sobriquet,
exemples: ابو الحسن (abou el hassan), ابو زيد (abou zeid),
ابن عبد الرحمن (ebn abd er
rahmann), ابن عمر (ebn amar), ام الخير (oumm el kheir) et ام هاني (oum
hani). On dit يكنى بابى عبدالله (youkna beabi abd Allah),
il porte le surnom de père d'Abdallah. On ne dit pas
يكنى بعبدالله (youkna be abd Allah), car عبدالله

(abd Allah) est un nom et ابوعبدالله (abou abd Allah) un surnom.

Le mot اب (ab) ou avec un complément ابو (abou) se joint à un grand nombre de mots, et forme soit des surnoms et des sobriquets, soit des métonymies. Nous avons donné ci-dessus des exemples de surnoms et de sobriquets, nous allons faire connaître ci-après quelques métonymies : ابو مرة (abou mourra), père de la force (Satan) ; ابو العجب (abou l'àadjab), homme extraordinaire, étonnant ; ابو ايوب (abou eyoub), le père de Job, chameau ; ابو الحصين (abou l'houcine), père de la petite place forte, renard ; ابو البيض (abou l'bidh), père des œufs, autruche mâle ; ابو الاخبار (abou lakhbar), père des nouvelles, huppe, oiseau ; ابو فروة (abou feroua), père de la fourrure, châtaigne ; ابو الحارث (abou l'harets), père du laboureur, lion ; ابو ذنب (abou dzenb), père de la queue, comète ; ابو فلمون (abou kalmoun), père du kalmoun, sorte d'étoffe couleur gorge de pigeon, de là, au figuré, variable, changeant, caméléon ; ابو المنذر (abou lmnendzer), ابو نبهان (abou liekdhan) et ابو اليقظان (abou nbhan), père de l'avertissement, du réveil, coq ; ابو الوثاب (abou loutsab), père de sauts, gazelle, loup, belette, renard, puce ; ابو الورى (abou eloura), père des hommes, le temps ; ابو البشر (abou elbachar), père du genre humain, Adam ; ابو النوم (abou ennaam) père du sommeil, pavot ; ابو حمرون (abou hamroun), rougeole ; ابو صغار (abou soufar), jaunisse ; ابو دحاس (abou dahass), panaris ; ابو شوك (abou chouk), espèce de pustules ; ابو نقطة (abou nakta), fièvre de consomption ; ابو مقص (abou mekass), père des ciseaux espèce de scarabée ; ابو كلب (abou kalb), le père du chien, chez les arabes modernes, écu de Hollande (le lion représenté sur ces pièces ayant été pris pour un chien). De même ابو مدفع (abou medfâa), écu d'Espagne dont les colonnes ont été prises pour des canons, et ابو طاقه (abou taka), écu dont les armes ont été prises pour une croisée ; ام الزحم (oumm ezzahm), mère de la foule, la Mecque ; ام احدى و عشرين (mère de la 21e) poule ; ام الثلثيس (mère de 30 œufs), autruche ; ام السمثوى maîtresse de l'hôtel, de la maison ; ام الجيش, mère de l'armée, étendard, drapeau ; ام الفرى (mère des turpitudes), vin ; ام الفبايث (mère des cités), la Mecque ; ام الندامة, (mère du repentir), la précipitation.

Dans le langage vulgaire on dit aussi souvent بو (bou) pour ابو (abou). De même dans ce langage et par une contraction on dit بال (bel) pour بن ال (ben el), exemples : بالقاسم (Belkassem) pour بن القاسم (ben el Kassem) ; بالعباس (Bel Abbès) pour بن العباس (ben el Abbès).

Le nom peut être donné à un être raisonnable masculin comme جعفر (Djâfar) et محمد (Mohammed), ou à un être raisonnable féminin comme هند (hend),

زينب (zineb), ou à un être non raisonnable masculin comme لاحـف .(lahik, nom d'un cheval donné par Moawia, fondateur de la dynastie des Ommaïïdes), ou à un être non raisonnable féminin comme طـرار (tarar), nom d'une vache, ou à une tribu comme فـرن (karan), ou à une ville comme عـدن (adan), ou enfin, à un livre comme قـامـوس (kamous). Ce dernier mot signifie océan, mer, abîme de la mer ; avec l'article القاموس (el kamous), c'est-à-dire l'océan : titre du dictionnaire arabe de Firouzabadi. De là, en général, dictionnaire, lexique.

Les noms sont de deux sortes, savoir : le مرتجـل (mourtadjel), improvisé, qui n'a pas été formé d'un mot ayant une signification ; comme سعاد (souâda), nom d'une femme et أدد (oudada), et le منقـول (manktul), c'est-à-dire devenu nom propre, qui a un sens défini et présent à l'esprit, exemples : محـمـد (Mohammed) qui veut dire d'abord digne de louange, et qui est devenu nom propre.

Cette sorte de métonomase se forme à l'aide : 1° d'un مصـدر (masdar), nom d'action, comme فضـل (fadhl), de la racine فضـل (fadhala), surpasser quelqu'un, lui être supérieur en mérite ; 2° d'un nom d'agent (répond le plus souvent à notre participe présent actif), comme عـامـر (amer) de la racine عـمـر (amara), prospère, florissant, qui vit longtemps.

La hyène se nomme aussi en arabe أم عـامـر (oum

amer). Cette dénomination appliquée à la hyène se retrouve dans le proverbe suivant :

و من يصنع المعروب بي غير اهـلـه يـلافى الـذى لاقى
مـجـيـر ام عـامـر

Celui qui fait du bien à ceux qui ne le méritent pas éprouvera ce qu'a éprouvé celui qui a recueilli une hyène, c'est-à-dire sera payé d'ingratitude comme cet homme déchiré par une hyène qu'il avait élevée.

3° D'un nom de patient (participe passif, régime), comme مسـعـود (Massoud) et مجـود (Mahmoud) fortuné, loué de, سـعـد (sâada) et حـمـد (hamida). Les mots احـمـد, مجـد, مجـود, (Ahmed, Mohammad et Mahmoud) s'emploient comme noms propres d'homme ; ce sont aussi des noms du prophète. Quant au mot مُحـمَّد (Mehammad), il est une altération de مُحمَّد (Mohammad).

Chez les kabyles et les autres peuples de race berbère le nom masculin doit toujours être précédé d'une voyelle. C'est ainsi qu'ils ont placé une voyelle devant certains noms propres empruntés aux noms arabes, exemples : abachir, acherifa. De Mohammad ils ont formé trois noms tout à fait distincts : Amhammad, Emhammad et Imhammed ;

4° D'un adjectif comme حـسـن (hassan), beau, joli, au duel les deux fils d'Ali, hassan et houssein. On joint souvent à hassan son synonyme بـسـن (bassan) ; حـسـن الـسـيـرة (hassanou essirati), beau dans sa conduite, homme de bien ;

5° Du prétérit comme شـــمـــر (choummara);

6° De l'aoriste comme يـشـكـر (iachkourou) et يـزيـد (yazidou), on prononce iachkour et yazid;

7° D'une proposition verbale comme شـاب فـرنـاهـا (chaba kournaha), mot à mot : ont blanchi toutes deux les mèches de cheveux qui pendent de chaque côté de sa tête à elle ; برق نحره (baraka nahrouhou), mot à mot : a été resplendissant son sabre ; تـابـط شـرا (taabbatha charrane), il porte le malheur sous son aisselle. Ces deux mots sont devenus le surnom d'un célèbre poète arabe avant Mohammad.

Il existe des noms arabes qui sont formés de diminutifs d'appellations comme فـويـدر (kouider), فـدور (kaddour); عبيدة (obeida); ربيعة (rabiha). Ces diminutifs sont aussi précédés du préfixe بـن (ben), exemples: بن قـهيـلـيـز (ben gouhiliz), بن فليلة (ben klila).

L'indication du lieu de naissance s'exprime par l'adjectif de nationalité précédé de l'article الـ (al), exemples : المعسكرى (el mascri), الوهرانى (el ouahrani), comme nous dirions le Marseillais, le Lyonnais. On appelle souvent un individu par le nom du père : Ben Salem ben Ahmidi ; souvent aussi par le nom de famille, Bou Ahmida ; souvent par le nom du lieu de naissance, El Krcchtli, de Cristel ; quelquefois par deux d'entre eux réunis.

Les mêmes formes reparaissent dans les dénominations de tribus :

Oulad bou Renan,

Oulad ben Haddou,

Oulad el Behar.

Une particularité qui mérite aussi d'être notée est que souvent des indigènes revêtus de fonctions publiques ont annexé à leurs noms le titre de ces fonctions, et cette désignation additionnelle fut transmise de génération en génération ; ainsi on dit : Mohammed ben Ali Chaouch ; Brahim ben Ali Khaznadar (trésorier) ; Ahmed ben Mostapha Khodja (secrétaire).

Les indigènes substituent quelquefois dans l'énonciation des noms de tribus, à la forme patronymique vulgaire, le pluriel de l'adjectif de nationalité, ainsi ils diront :

El Bouahda pour les Oulad bou Hadi,

El Feratssa — ben Farthass,

El Hedjaïrïa — bou Hadjar.

Les noms se divisent en outre en noms simples comme زيد (zeid), عمر (amer) et خالد (khaled), et en noms composés مركب.

Il y a plusieurs espèces de noms composés :

Premièrement اسنادية (esnadia), c'est-à-dire les noms comprenant un sujet et un attribut comme برق نصره (baraka nahrouhou) et شاب فرنامها (chaba karnah).

Deuxièmement مزجى (mazdji), mélange, c'est-à-dire formé de deux mots comme بعلبك (balbeck), خضرموت (hadhramaout; معدى كرب (maadi quiraba), noms de villes, سبويه (sabouaïah), عمرويه (amraouaïah).

Troisièmement اضافى (edhafi), en rapport d'annexion avec son complément comme عبدالله (abdallah), عبد الرزاق (abd er rezzak), عبد الرحمن (abd el rahman), عبد الدايم (aba ed dâïm), عبد الحليم (aba el halim).

Enfin, en considérant les noms au point de vue de leur compréhension, on distingue les noms particuliers c'est-à-dire ceux qui désignent une seule personne comme عمر (amar), et les noms collectifs, c'est-à-dire ceux qui désignent une espèce tout entière, exemple les noms des animaux, des reptiles, des quadrupèdes.

Dans nos recherches nous avons trouvé une quantité de noms arabes ayant une certaine resssemblance de prononciation avec des noms européens; nous en donnons ci-après quelques-uns à titre de simple curiosité.

		Homonymes Européens
كحيلة	(kheila)	Cayla,
حيرش	(hirech)	Hirsch,
بيلف	(beilac)	Beylac
حامل	(hamel)	Hamel,
عمورى	(amouri)	Amaury,
ساسى	(sassi)	Sacy,
فار	(far)	Farre,

Homonymes Européens

ساردو	(sardou)	Sardou,
فــرى	(ferri)	Ferry,
عبــوا	(abbou).	About,
علــمة	(âlma)	Alma,
عطــاء علی	(athalie)	Athalie,
بــارة	(bara)	Barat,
بــكة	(becca)	Beccat,
بيــالة	(biala)	Viala,
شعــبان	(châabane)	Chabane,
نــوار	(nouar),	Noir,
روان	(rouan),	Roanne
رويس	(rouis)	Ruis,
سعدی	(sâadi)	Sadi,
تراس	(terrass)	Terrasse,
عاشــت	(achet)	Hachette,
السيثی	(essegui),	Ségui,
طواش	(touach)	Touache,
بــری	(berri)	Berry,
رنــان	(renane)	Renan,
عبــاد	(abad)	Abad,
المنــور	(menour)	Menouard.

J'arrive au terme de ce travail; ce n'est, comme je l'ai dit en commençant, qu'une esquisse, mais je me promets de pousser plus avant mes études sur cet important sujet et de faire participer encore mes lecteurs aux résultats de mes recherches.

Toutefois, je ne m'arrêterai pas sans consacrer quelques mots à l'homonymie d'un grand nombre de tribus. Je prendrai pour type les Ahmyane qui, dans la seule province d'Oran, se trouvent dispersés sur plusieurs territoires différents et assez éloignés l'un de l'autre.

Sans doute ces agglomérations ont pu être fondées par des individus dont elles portent le nom patronymique, mais on peut aussi admettre l'hypothèse que cette similitude de noms se rattache à des faits historiques.

On sait en effet qu'à de nombreuses époques l'Afrique a été profondément tourmentée par de violents cataclysmes politiques ou sociaux qui ont laissé des traces; ces homonymies qui en sont pour la plupart les empreintes, attestent les vicissitudes traversées par ceux auxquels elles étaient réservées.

C'était tantôt la misère, tantôt l'invasion et d'autres fois la discorde qui ont poussé cette masse d'hommes à fuir leur sol natal, leur berceau et les tombeaux de leurs ancêtres, et à se disséminer.

Ces éléments redeviendront-ils homogènes, acquerront-ils de la cohésion ? Il faudrait pour cela que le sentiment politique s'éveillât en eux et prît un caractère général.

D'ailleurs, toute tendance de ce côté échouerait contre les efforts de la France en vue de les amener à entrer dans sa grande famille et à accepter sa nationalité.

Ces efforts du reste se présentent sous les auspices de lois équitables et vraiment tutélaires, et d'une administration intègre.

D'autre part, il ne faut pas accorder à l'affinité religieuse plus d'importance qu'elle n'en comporte, car la persécution seule lui donne de la puissance et on ne contrarie pas les consciences en France, pourvu qu'elles se maintiennent dans leur domaine. Au reste, les liens religieux n'ont pas en eux assez de force pour créer des nations.

ERRATA

—

Lire à la 27ᵉ page : يا لالاتى au lieu de يا لالتى ;

A la 28ᵉ page on a omis de transcrire en français la série des noms qui sont : Salem, Mohi. ed Dine, Ahmed et Sâad Allah.

TABLE DES MATIÈRES

PREMIÈRE PARTIE

TRIBUS

DEUXIÈME PARTIE

ÉTYMOLOGIE DES NOMS PROPRES

www.ingramcontent.com/pod-product-compliance
Lightning Source LLC
LaVergne TN
LVHW050036070726
842526LV00015B/1751